김운기 다섯 번째 시집

바람의 알

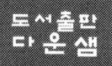

시인 **김운기**

충남 내포 생
서울대 졸
공주대 대학원 졸
문학박사

한국시인협회
한국문인협회 회원
수원문인협회 회장
미당서정주문학상 수상

시집, 『그대에게』, 청해출판
　　　『꽃비』, 아침미디어
　　　『49일』, 아침미디어
　　　『곡부 지나며』, 발견
　　　『바람의 알』, 다운샘
칼럼집, 『한단지보』, 안양광역신문
　　　『고서의 향기』, 경기신문
한시 번역집, 『오남고』, 학고방
한문 번역서, 『고전탐서』, 지콘
　　　『맹자외서』, 다운샘
　　　『아들에게 쓴 퇴계의 편지』 전3권, 다운샘

해설

다양한 미적 시안(詩眼)으로 읊은 김운기의 시 세계

김훈동(시인·칼럼니스트)

  김운기 시인은 2001년 시집 『그대에게』로 등림(登林)했다. 그 후 꾸준한 창작활동을 이어오면서 시집 『꽃비』, 『49일』, 『곡부 지나며』, 한시 번역집 『오남고』 등을 연달아 상재(上梓)했다. 최근에는 세 권으로 엮은 『아들에게 쓴 퇴계의 편지』를 내놓을 정도로 열심히 공부하는 시인이다. 글은 곧 옷이다. 어떤 피륙으로, 어떤 색깔과 무늬로, 어떤 모양으로 만드는 것이 자신의 인품을 잘 드러내어 줄까를 터득한 시인이다. 창의적인 글은 우연이 아니다. 필연적인 결과물이다. 김운기 시인은 심신 수련 과정에서 고도의 집중력과 침착성, 정신력이 요구되는 검도인(劍道人)이다. 그를 만날 때마다 상대에 대한 예(禮)를 중시하는 검도 정신이 몸에 배어있음을 느끼게 한다.

  김 시인은 서울대학교에서 건축디자인을 전공한 건축가이자 대학원에서는 한문학으로 퇴계학에 심취한 문학박사이다. 이미 10년 전에 한국 시단(詩壇)에 정평있는 〈미당 서정주 문학상)을 수상한 중견 시인이다.

 이번에 내놓는 시집 『바람의 알』에 얼굴을 내민 55편의 시들은 자신의 가치 있는 경험을 개성적인 발상과 표현으로 형상화했다. 다양한 경험이 쌓인 그 위에 발현된 시는 그만큼 보폭(步幅)이 넓고 깊다. 그만큼 시어가 풍부하다. 읽을수록 정겨움과 삶의 진솔함이 녹아있어 시마다 틈틈이 배어 나온다. 이 정도 공력(功力)을 들이기가 쉽지 않다. 문무(文武)를 겸비한 그만의 독특한 창작열의 산물이라는 생각이 든다. 시는 진실을 겨냥할 때 다양한 표정으로 말을 건다. 김운기 시인은 시적 기교보다 체험과 관찰로 시의 진정성을 생생하게 전달하고 있다.

혈로 따라
심장을 배회하는 체온처럼
처음
너와 나
눈빛에 고인
뜨거운 언어 있다면
'설레임'이라고
하나만
기억해 두자

단맛 스민 과원의 바람
불러 모아

깊이 잠든 무념
흔들어 깨울 수 있다면
너와 나
선연한 몸짓에
뜨거운 언어 남아있다면
'그리움'이라고
하나만
기억해 두자

처음의 그 아득한 때
                    -「처음」전문

  이 시에서 화자의 감정이 이입(移入)된 "너와 나/눈빛에 고인/뜨거운 언어 있다면/'설레임'이라고 (중략)-- 선연한 몸짓에/뜨거운 언어 남아 있다면/'그리움이라'고--" 노래했다. 이와 같은 표현은 이 작품의 화자가 세상의 삶을 부정적 시각이 아닌 지극히 긍정적인 시각으로 포용하고 있다는 사실을 명징하게 보여준다. 자신에 대한 사랑이자 자기 앞의 대상에 대한 사랑의 정신이다. 낙천주의적 사고와 사랑의 시 정신이 행간 속에 흐르고 있다.
  다음 시를 살펴보자.

아무런 약속도

기별도 없이
어느 날 불현듯
내게 와서
성탄 캐럴보다 설레는
언어들을 내려놓고
나를 시인이라 부른
시인詩人

　　　　　　　　　　　-「그대는」 전문

　시의 핵심을 다 말해 주지 않고 "성탄 캐럴보다 설레는/ 언어들을 내려놓고"라고 여운을 남기면서 마무리 짓는 노련함이 돋보인다. 최소한의 단어들로 깊은 울림을 준다. 시는 노래이자 순간의 양식이다. 누구나 편안하게 읽고 느낄 수 있는 글이 좋은 시다. 시가 무엇인지 깊이 있게 이해하고 고민하며 썼음을 알 수 있다.

여린 은사시나무 잎 만지던
바람의 지문
잠들지 못하는 봄밤
흔들고 가네
노을 걸린 숲으로
자맥질하듯 사라지는 새 떼 뒤로
그대 웃음기

망연히 떠 있네

저녁 강물에
그림자로 소멸하는
노을이면 어떠랴
허공에
직립으로 서서 죽는
빗줄기면 또 어떠랴

　　　　　　　　　　　　　　　　-「그대는 2」부분

아침 안개
종소리처럼 퍼지다가
눈물이 된
저 헛된 햇살 아래
제 그림자 업고 서 있는 표지석

내 푸른 날의
그 유일한 증표

　　　　　　　　　　　　　　　　-「그대는 3」부분

내 영혼이 비 젖어
책갈피에 눌러
눅눅한 그림자 말리고 있을 때
갈피마다 새싹 돋아나듯
젖은 아침을 깨우는

그대
죽비소리

　　　　　　　　　　　　　　　-「그대는 4」 부분

　　김운기 시인은 〈그대는〉 연작시에서 연륜으로 다져진 삶의 정서를 "저녁 강물에/그림자로 소멸하는/노을이면 어떠랴/허공에/직립으로 서서 죽는/빗줄기면 또 어떠랴"라고 긍정적이며 유유자적함을 간결하게 묘사하여 밝은 메시지를 보여준다. 김운기 시인의 시구처럼 시적 언어란 세상에 대한 절박한 호소와 경고에 가깝다는 생각이 든다. 간절함이 있다. 그 간절함이 읽는 이에게 전달되어 공감을 불러일으키게 한다. 김운기 시인의 시의 심장은 뜨겁게 살아 펄떡거리고 있다. 그의 성찰이 깊은 사유를 통해 한결 풍부함을 알 수 있다.

말간 햇살에 씻긴
황국화 앞에서
노란 꽃잎 따
찻물 우리며
가을 시를 읽던
아내여

여름 나날들

샘물 길어
풀꽃 키우고
달빛 빚어
잠 못들 가을밤 준비하던
명징한 사람아
무결한 두 깃을 흔들어
시인의 새벽잠 깨우며
촛불 켜던 아내여

가을에 쓰는 편지는
모두
노래가 되고 그리움이 되고
밤새워 꽃물들이던
바람이 된다오
　　　　　　　　-「가을, 아내에게」 전문

　가을은 깊은 상념(想念)에 젖게 한다. 화자가 시 마당으로 아내를 불러낸 마음과 정성을 느끼게 하는 참 아름다운 발상이다. 아내에 대한 그리운 마음을 고백하고 있는 시인의 마음이 고스란히 느껴진다. 글은 문장이며 이야기다. 과장이나 과도한 감정 없이 담백하고 간결하게 형상화했다. 그러면서 울림이 장중하고 묵직하다. 화자는 "가을 시를 읽던/아내여", "촛불 켜던 아내여"를 불러내 "그리움이 되고 바람이 된다."고 뽑아 올린다. 대상을 알려면 그 순간만큼은 그 대상을 사랑해야 한다. 애정을 갖고 편견을 내려놓은 순수한 눈으로 바라보는 것이다. 그런 사람이 타인도 더욱 사랑할 수 있는 사람이 된다. 이처럼 사랑을 담아 지은 시는 인간의 심장에 가깝게 닿는다. 감동도 시인이 주는 매력이다.

하늘을 봅니다
가을이 마흔 번 넘게 지나갔습니다

댓잎처럼 서걱거리며
잠 못 들던 바람도
만월 아래 자지러지던
풀벌레 성애 소리도
푸른 비늘
뚝뚝 떨어지던 가을 하늘도
문득
시시해졌습니다

― 「불혹에」 전문

불혹은 논어 위정편에 나오는 '사십이불혹(四十而不惑)'에서 온 말로 사람 나이 마흔 살을 달리 이르는 말이다. 미혹되지 않는다는 뜻이다. 화자는 '문득/시시해졌습니다'라고 시어의 대조를 통해 주제 의식을 강조했다. 가을은 상강(霜降) 절기다. 자연의 질서는 실패가 없다. 하늬바람이 꽃을 다그친다 해도 기어이 오고야 마는 가을 냄새는 풍요다. 화자의 삶도 그렇다. 불혹에 혼자 지키는 외로운 시간은 아직도 빛나는 햇살 속에 있다. 꾸며주는 말과 꾸밈을 받는 말이 이질적인 것들로 결합하여 상승효과가 나타나 궁금증을 불러일으킨다.

아무 말도 하지 못하고
빈 가슴에
풍경소리만 담아 왔네
　　　　　　　　　　　　－「망해암 단상」부분

처마 낮은 관음전 돌 기단에 앉아
삼백 년 넘게 좌선하는
앞마당 사철나무 보며
하릴없이 헤아려 보는
내 첫사랑의 나이테
은빛 머리칼에 올올이 풀려
꽃 등잔처럼 떠내려간다
　　　　　　　　　　　　－「간월암看月庵」부분

땡그렁~
처마 끝에 스친 바람이
잊었던 반야경 한 구절 어깨 위에 떨구고 갑니다
                                    -「망해암 청설모」부분

새물내 나는 빨래처럼 펄럭이는
법어法語를 찾아
일백여덟 계단을 걸어온 숨소리만
북소리보다 더 크게 울립니다
                                    -「한낮, 개심사에서」부분

 사유(思惟)는 대상을 두루 생각하는 일이다. 위 사찰 시에는 자신만의 사유가 담겨있다. 사찰의 깊은 고독이 빚어낸 고풍스러운 정경이 그림으로 그려지는 시다. 자신만의 새로운 시각이 있느냐 없느냐에 따라 시 맛의 차이가 크다. 현실의 장면을 있는 그대로 표현해버리면 그 시는 평면적이고 상투적인 시가 된다. 김운기 시인은 사찰 곳곳에서 남이 보지 못한 새로운 시각을 시 속에서 보여주고 있다. 이처럼 좋은 시의 기반은 끈질긴 관찰에서 비롯된다. 깊은 사려와 불성(佛性)에 대한 사랑을 읽을 수 있고 시를 통해 나타나는 특이한 독백은 고아(高雅)한 미감으로 순화된다.

마디 굵은 손으로 엮은
시골 아재비의 소쿠리 같다

눈길 하나 주지 않아도
필요한 것들만 모여
짧은 해가 가는 겨울 정선 장
주먹 나물 몇 웅큼
종이 좌판에 놓고
해거름 달려오는 파장 한구석 핀
할미꽃 한 송이
고향 선산에 앉아 있던 그 꽃
피어 있다.

애기 감 떨어지는 마당가에
다 묻었다고 돌아섰던
배냇 기억들
정선 5일장에 몰려나왔다
호미처럼 굽은 어머니
새싹 돋는 냉이를 캐고 있을
고향 옛집 텃밭이
손에 닿는 듯
저녁노을이 좌판 위에
내려앉는다.

-「정선」전문

울고 갔다 웃고 나온다는 정선은 강원도 산골이다. 요즘은 정선아리랑과 함께 산채 나물이 유명한 정선 5일장이 관광 상품화 되어 전국에서 관광객이 찾는 곳이다. 화자는 1연에서 "마디 굵은 손으로 엮은/시골 아재비의 소쿠리 같다"고 정선을 은유적으로 묘사했다. 2연에서 "주먹 나물 몇 웅큼/종이 좌판에 놓고/해거름 달려오는 파장 한구석에 핀/할미꽃 한 송이/고향 선산에 앉아 있던 그 꽃이 피어 있다" 산이 높고 골이 깊어 하늘이 작게 보여 '짧은 해가 가는 겨울 정선 장'을 풍경화처럼 눈에 선하게 그리고 있다. 김운기 시인은 정선 장을 매개로 특별한 정서를 표출한다.

　우리 주변에는 시 재료가 많다. 사람일 수도, 사물일 수도, 감정이나 상황이 될 수도, 계절일 수도 있다. 중요한 것은 그것을 끈기 있게 바라보는 눈이다. 관찰이고 포착이다. 대상에 감정을 이입(移入)하여 그 대상이 되어보는 것이다. 김운기 시인이 읊은 계절 시를 읽으면 그런 감(感)이 잡힌다.

　어둠 안고 저 혼자 개벽하는/새벽하늘에다 비하랴/길에 머물지 못하는 바람처럼/이별의 발걸음을 서두르는 계절
－「만추晩秋」부분

마른 감국 꽃에도/영혼이 살고 있는지/말간 찻잔에서/노래를 부르며 나옵니다
-「국화차를 마시며」 부분

꿈을 하나씩 묻어놓고/새 봄날/세상을 다시 기억하러 꽃씨는 일어서는 거다
-「신춘新春」 부분

못내 귀가하지 못하고/서성이던 그리움/바퀴처럼 뒤따라와서/무겁게 숫자를 보탠다/저만치/성큼 달아나던 한해의 끝이/우편함에 꽂혀 있다//근하신년謹賀新年
-「세모歲暮에」 부분

 김운기 시인이 살아온 삶의 갈피마다 세월을 들여다보고 깨닫는 사색의 흔적이라는 고백이다. 이러한 진솔한 삶의 사색은 자연에 대한 생명성으로 승화된다. 시어들이 정갈하여 정경이 한 폭의 풍경화로 그려지고 있다. 그의 시는 가식이나 수식도 없이 맑고 곧음의 세계로 정결한 품격을 지향한다. 간결하면서도 명료한 호소력으로 공감을 불러내는 통찰력은 탄력성이 있다. 최소한의 언어로 계절을 담아내고자

하는 시인의 집요한 의지가 고스란히 전해지기 때문이다.

단것만 입에 넣을 줄 알아
쓴소리 한마디도
목에 넘기지 못하는 자식
쓴 것만 평생 담고 살아
단맛조차 알지 못하는
어머니

호미와 한 몸이 되어
텃밭에 앉으면
냉이처럼
일어설 줄 모르던
어머니

그 짐
언제 다 내려놓고
가시렵니까

  - 「어머니」 전문

 김운기 시인에게 "'어머니'는 자식에게는 단맛만 주고 어머니는 쓴 것만 드시고 살아 단맛조차 알지 못하는 분이셨다" "나뭇등걸처럼 거친 손등에/비닐 호스를 꽂고 누워/웃자란 풀처럼/미풍에도 허리 꺾이는 자식들/아직 포란하고 계시다."〈어머니〉 "봄을 준비하는 고로쇠나무처럼/비닐 호스의 수액이 줄고 느는 동안/장방형 철제 침상 옆에는/이름 모를 각종 꽃씨 봉투가 어머니와 놀았다."〈어머니의 꽃밭〉 "떠나신 길에/마저 지우지 못한 것들/표지석 눌러 함께 묻고/돌아섰습니다."〈이별〉 "명부전 촛불 곁에서/무심하게 웃고 계신 어머니 영정 앞에/하늘하늘 떨고 있는 향 연기처럼/내 마음도 흔들립니다//절 마당 화단에 가득 핀/철쭉꽃 더미처럼/빨간 한恨을 담고 사신/어머니의 여든일곱 해/재를 마치는 쇠 북소리에/어머니는 그 여한 비로소 내려놓았으나/나는 이제야 가슴에 파고듭니다."〈어머니 49재일〉

  어머니와 함께 한 시간을 서성이는 화자는 아쉽고 안타까운 어머니와의 마지막을 기억한다. 이 시에 실려 있는 〈어머니〉는 말한다. 군더더기가 없이 간결한 영혼만이 그리고 평생 신명을 다해 여한 없이 어머니를 봉양한 사람만이 감당할 수 있는 시귀(詩句)다. 행간에 어려 있는 슬픔과 고독을 생각하면 마음이 애틋해진다. 너무 무겁지 않게 병상에서 49재까지 표현한 시는 읽는 이의 마음에 넓은 파문을 그리게 한다. 그의 시가 친근하게 여겨지는 이유는 그 안에 철학과 상념과 이미지가 녹아있기에 그렇다.

늙은 호박 껍질을 벗기다가
구름과 별과 은하수의 수액이 꽉 찬
바람의 알을 보았다

가로에 길들인 줄기 더듬이와
수직에 익숙한 빗줄기 사이에서
숨겨 잉태한
눈 부신 햇살 하나
둥지 속에 감추고 키웠을 것이다

햇빛 한 줌
천둥소리 한 웅큼
젖동냥으로 뼈와 살을 키우고
바람 기웃거리며 만질 때마다
속살 야무지게 단속했을 것이다

돌담 위에 업어 키운
바람의 알
얼마쯤 눈물 삼키면
햇살의 체온이 이렇게 여물 수 있을까
-「호박 껍질을 벗기며」 전문

   표제작이라 할 수 있는 이 시는 김운기 시인의 감각과 생각과 경험이 녹아들어 가고 있는 데서 출발한다. '알'은 생명의 근원이다. 신화(神話)에 동명왕, 박혁거세, 수로왕 등이 모두 알에서 태어났다. 완벽한 살아있는 원(圓)이기에 때문에 무한한 동력과 발전을 상징한다. 김운기 시인은 대지에 남아있는 생명력과 유기적 질서를 노래하는 동시에 자연을 묘사하면서 그 자연을 매개로 특별한 정서를 표출한다. 3연에 "햇빛 한 줌/천둥소리 한 웅큼/젖동냥으로 뼈와 살을 키우고/바람 기웃거리며 만질 때마다/속살 야무지게 단속했을 것이다"라며 단순히 감정을 전달하는 것만 아니다. 자연의 신비로움, 아름다움, 순수함 등 어느 특정한 현상을 보면서 스스로의 삶과 비교한다. 이 때문에 자연스럽게 의인화(擬人化)가 일어난다. 폭넓은 상상력이 짱짱하다. 화자는 섬세한 감수성의 바탕에 애잔함을 깔고 자연의 이미지 가운데 하나인 '바람의 알'이라는 자연을 통해 삶의 의미가 천착(穿鑿)되고 확장된다. 4연에 "돌담 위에 업어 키운/바람의 알/얼마쯤 눈물 삼키면/햇살의 체온이 이렇게 여물 수 있을까"라며 자연과의 교감과 관조를 통해 그 아름다움을 재현하되 그것을 돋보이게 묘사하고 있다. 이러한 형상화가 깊어지는 시는 독자들의 감성을 풍부하게 만든다. 시는 서술과 묘사로 인간의 내면세계를 그려내는 예술이다.

  김운기 시인이 보여주는 시상(詩想)의 대부분은 자연에서 얻어지는 자연 친화적 서정성이다. 자연은 그의 지식과 사상의 보고(寶庫)이자 그 자신이다. 김운기의 시 세계는 창작을 위해 "인간은 자연의 빛을 언어로 반긴다."는 글말처럼 끊임없이 새로운 삶을 모색하는 자아(自我)를 실현하는 시인이다.

自序, 시간의 片鱗들

　　최근에 시집 낸 것이 어느새 10년 전의 일이 되었습니다. 살다 보니, 나팔꽃 덩굴처럼 더듬이 앞세우고 오르려고만 했는지 주변 풍경을 많이 놓쳤습니다. 기차를 타고 여행하다 더러 내린 적이 있던 시골 간이역이 지금은 폐역된 지 오래된 곳들 있습니다. 기억의 편린들을 주우려 얼마 전 그 간이역에 기차가 아니라 승용차를 타고 가 보았습니다. 거기 두고 온 기억을 가지러 가는데 만도 십수 년이 걸린 셈입니다. 떠나간 기차처럼 지나간 봄날의 황량한 기억들이 이제는 쓸데없어진 기차 시간표 벽면에 고스란히 걸려 있었습니다. 아직도 돌아오지 않은 누군가를 기다리고 있는 입구에 출입을 막는 푯말이 쓸쓸히 서 있습니다. 지금은 콘크리트로 대체되어 용도를 다한 침목들이 검은 콜타르 잔뜩 바르고 빈터에 야적되어 부식을 막으려고 안간힘을 쓰고 있습니다. 그에 아랑곳없이 기차는 세월처럼 달립니다. 떠나고 돌아오는 사람들 없어진 울타리 너머로 노란 소국이 무리 지어 피어 있습니다. 이 계절이 지나면 그 위로 하얀 눈이 덮일 테지요. 다시 10년 후쯤 눈 쌓이고 허허한 그곳을 가 볼 참입니다. 거미줄 뒤집어쓰고 있을 묵은 기억을 가지러 말입니다.

2023년 저문 가을에 김운기

목차

그대는

새벽기도 • 27
처음 • 28
나는 • 30
그대는 • 31
그대는 2 • 32
그대는 3 • 34
그대는 4 • 35
그대에게 • 36
별 헤는 밤 • 37
가을, 아내에게 • 38
백련白蓮에게* • 40
첫눈 • 42
불혹에 • 44
망해암 단상 • 45
간월암看月庵 • 46
망해암 청설모 • 48
한낮, 개심사에서 • 49

겨울, 부석사 • 50
정선 • 52

산다는 것

산다는 것 • 57
호박 껍질을 벗기며 • 58
만추晩秋 • 59
제야除夜에 • 60
입춘방立春榜 • 62
국화차를 마시며 • 64
봉수씨의 경우 • 66
소주 마시며 • 67
신춘新春 • 68
제초를 하다가 • 70
나이가 든다는 것은 • 71
월정사 9층 탑 • 72
세모歲暮에 • 73
세모歲暮에 2 • 74
날뫼*에 피는 꽃 • 76

바라나시 • 78
보드가야 보리수 • 80
국화도* • 82
일몰日沒 앞에서 • 84
축제 • 86
사르나트에서 • 88

어머니의 꽃밭

어머니의 꽃밭 • 91
어머니 • 92
어머니 • 93
어머니 • 94
이별 • 95
어머니 49재일 • 96
제비꽃 • 98
산소山所에서 • 99
과꽃 • 100
낮달 • 101
저녁 무렵 • 102

봄길 • 104
봄날 • 105
은행나무 • 106
본향本鄕에서 • 107

그대는

그림들

새벽기도

지혜의 샘물 길어
때 묻은 생각 씻어내고
총명한 언어로
입을 헹구려 해도
입속의 혀
검은 먼지만 맴돌아

꽃 한 송이
헌화하지 못하는 위선과
앞을 가로막는 날 선 미움과
매듭 열지 못하는 입술

비우고 또 비우고
허허해진 마음으로
은총의 향 사르고
찬미의 촛불
고쳐 밝히는 새벽

주어진 한 날
첫 시작의 창을 닦아
그대에게 드리는 기도

처음

혈로 따라
심장을 배회하는 체온처럼,
처음
너와 나
눈빛에 고인
뜨거운 언어 있다면
'설레임'이라고
하나만
기억해 두자

단맛 스민 과원의 바람
불러 모아
깊이 잠든 무념
흔들어 깨울 수 있다면,
너와 나
선연한 몸짓에
뜨거운 언어 남아 있다면
'그리움'이라고

하나만
기억해 두자

처음의 그 아득한 때

나는

노을 지는 가을 들판에
하얗게 늙어가는 억새풀이고 싶다

비 그친 산사山寺의 처마 끝
제 몸 흔들어 번뇌 씻는
풍경소리 되고 싶다

길 없는 길
풍경소리로 떠돌다
첫눈 내린 밤
고요 하나로 숨은
만월滿月이고 싶다

그대는

아무런 약속도
기별도 없이
어느 날 불현듯
내게 와서
성탄 캐럴보다 설레는
언어들을 내려놓고
나를 시인이라 부른
시인詩人

그대는 2

소쩍새 운다 봄밤
그리움에 처음 눈뜰 때

여린 은사시나무 잎 만지던
바람의 지문
잠들지 못하는 봄밤
흔들고 가네
노을 걸린 숲으로
자맥질하듯 사라지는 새 떼 뒤로
그대 웃음기
망연히 떠 있네

저녁 강물에
그림자로 소멸하는
노을이면 어떠랴
허공에
직립으로 서서 죽는
빗줄기면 또 어떠랴
나보다

더

너,
도무지
나 같은

그대는 3

청보리 늙어가는 오월
밤에도 자지 않고
해탈을 꿈꾸던
배추 나비
껍질 벗던 노란 봄날

허리 꺾인 파꽃 위로
분분히
은하수 가루별
날고 있다
속절없는 그리움
산화하고 있다

아침 안개
종소리처럼 퍼지다가
눈물이 된
저 헛된 햇살 아래
제 그림자 업고 서 있는 표지석
내 푸른 날의
그 유일한 증표

그대는 4

내 영혼이 비 젖어
책갈피에 눌러
눅눅한 그림자 말리고 있을 때
갈피마다 새싹 돋아나듯
젖은 아침을 깨우는
그대
죽비소리

동굴에서 갓 걸어 나온
원시 문명
눈과 귀 처음 열어
여린 싹 틔워주던
팔만 상형 문자들
행간마다
태양의 눈빛으로 탄다
불멸하는 언어,
그 빛이여

그대에게

강처럼 굽은
시간이 길게 흐른 뒤에야
잘 익은 달 하나
내 속에
품고 있음을 알았네

끊기지 않는 수맥으로
물꼬를 트고
꺼지지 않는 불의 언어
잿티로 남을 때까지
내려놓을 수 없는 일상
내 속에
타고 있음을 알았네

돌아선다고 없어지는 것이 아니듯
내 마음에
지워지지 않는
선명한 문신

별 헤는 밤

어느 별인가

별만큼 아스라한 너를 그리다가
밤하늘 별 하나 가려
너의 별이라 한
그리움 속의 그 별은
어느 별인가

날개로 바람 가르며
가고 올 수 없어서
별빛 하나 짐작해 놓고
너를 그리면
너는,
너의
내 별은
오늘 밤에도 뜨는가

가을, 아내에게

말간 햇살에 씻긴
황국화 앞에서
노란 꽃잎 따
찻물 우리며
가을 시를 읽던
아내여

여름 나날들,
샘물 길어
풀꽃 키우고
달빛 빚어
잠 못들 가을밤 준비하던
명징한 사람아
무결한 두 깃을 흔들어
시인의 새벽잠 깨우며
촛불 켜던 아내여

가을에 쓰는 편지는
모두

노래가 되고 그리움이 되고
밤새워 꽃물들이던
바람이 된다오

백련白蓮에게*

풍경소리
새벽 물안개 흔들어 깨우면
푸른 연잎
노을 아래로 숨을 때까지
누이는
날마다 못가에 나가
물잠자리를 업고 있었어요

푸른 크리스마스를 꿈꾸던
그 여름
꽃 등불 켜고 잠든 각시수련처럼
긴 편지를 쓰다
누이는 잠들었어요

동그란 물무늬 번지는 날이면
잠 못 들고 뒤척이던 누이에게
눌러 말린 꽃잎 붙여
이제야 답장 씁니다

나와봐, 수련꽃이 피었어
수련꽃이 피었다구

*同學 백수연白秀娟의 호

첫눈

배추흰나비 떼
하늘 가득
날아오른다

저녁 무렵이 되자
주름 깊은 일상들 귀가를 서두르고
우울한 잿빛 하늘로
십자가 네온 불 다투어 부활했다
집 떠난 가로수들
서성이다 그림자 속으로 사라지면
천상의 언어들은
따뜻한 꽃씨를 뿌려
세상을 덮는다

가난한 거리를 뒹구는 낙엽 위에
구세군 남루한 냄비 위에
꽃 든 연인들 웃음소리에도
천상의 언어들은
축제의 꿈을 뿌린다

잠들지 못하는 도시를 덮고
배추흰나비 떼
하늘 가득
날아오른다

불혹에

하늘을 봅니다
가을이 마흔 번 넘게 지나갔습니다

댓잎처럼 서걱거리며
잠 못 들던 바람도
만월 아래 자지러지던
풀벌레 성애 소리도
푸른 비늘
뚝뚝 떨어지던 가을하늘도

문득,
시시해졌습니다

망해암 단상

그냥
망해암 지장전 섬돌에 앉아 있었네

푸른 햇살 남김없이 산화散化하고
쪽 달
산마루에 기울 때까지

그립고
그리워서

아무 말도 하지 못하고
빈 가슴에
풍경소리만 담아 왔네

간월암看月庵

달만 보았겠는가

살아온 날처럼
굽은 해안 따라
몰려와 자진自盡하는 저 생로병사의 포말들
외면했겠는가
천일千日 면벽 끝에 얻은 미소
여기에 두고
그 선사禪師는 여기 없다

처마 낮은 관음전 돌 기단에 앉아
삼백 년 넘게 좌선하는
앞마당 사철나무 보며
하릴없이 헤아려 보는
내 첫사랑의 나이테
은빛 머리칼에 올올이 풀려
꽃 등잔처럼 떠내려간다

밀물에 갇혀
떠 있는 연蓮잎 위로
마침
굵은 가을비 내린다

망해암 청설모

용화전 앞뜰 장독대는
여전히 묵언수행 중이고
너럭바위 아래
신갈나무 사이로
잘 익은 가을 햇살이 스밉니다

장독대와 공양간 문 앞을
오가던 청설모
등줄기 털을 세우고
앞발 모아 합장합니다
기침하신 큰스님
아침 공양이 궁금해
도토리 몇 알 제 입에 먼저 넣지 못합니다

땡그렁~
처마 끝을 스친 바람이
잊었던 반야경 한 구절 어깨 위에 떨구고 갑니다

한낮, 개심사에서

바람이 솔숲 사이로 지나갔습니다
풍경 끝에 달린 물고기 꼬리를 보았겠지요
구름이 몇 번인가
모였다 흩어집니다
노스님 오수에 든 시간
세심연洗心淵의 수련도 졸고 있습니다
툇마루 밑
적막에 섞인 누렁이가
귀찮은 듯 꼬리를 몇 번 흔들 뿐

새물내 나는 빨래처럼 펄럭이는
법어法語를 찾아
일백여덟 계단을 걸어온 숨소리만
북소리보다 더 크게 울립니다

겨울, 부석사*

도비산 아래 부석사에 가면
아미타부처님 곁
삐딱하게 누운 절집 심검당尋劍堂에
물고기 눈을 닮은 경허鏡虛께서 살고 있다
천수만에 만조가 되면
불심 깊은 숭어 떼
그를 만나러 뜬 눈으로 몰려 오고
입동 재일齋日에는
비목나무에 마지막 남은 잎들 일제히 촛불을 켠다

찬비 내리는 오후
운거루 옆 찻집에 앉아
가을걷이 끝낸 간척지 들판에
비 젖은 낙엽처럼 추적추적 내려앉는 가창오리 떼
본다
삶은
잘 머무는 것이 아니라
잘 떠나는 것임을 알고 있다
'반야의 검'

찻상 다포에 선어禪語 한 줄 남기고
지혜의 샘물 길어 올리던 선사는 떠났다
바다 건너 먼 불빛이 보일 때까지
비는 아득하고

        *서산 도비산에 있는 절,
         경허선사가 수도하던 심검당이 있다.

정선

마디 굵은 손으로 엮은
시골 아재비의 소쿠리 같다

눈길 하나 주지 않아도
필요한 것들만 모여
짧은 해가 가는 겨울 정선 장
주먹 나물 몇 움큼
종이 좌판에 놓고
해거름 달려오는 파장 한구석에 핀
할미꽃 한 송이
고향 선산에 앉아 있던 그 꽃
피어 있다

애기감 떨어지는 마당가에
다 묻었다고 돌아섰던
배냇 기억들
정선 5일장에 몰려나왔다
호미처럼 굽은 어머니
새싹 돋는 냉이를 캐고 있을

고향 옛집 텃밭이
손에 닿는 듯
저녁노을이 좌판 위에
내려앉는다

산다는 것

살며시

산다는 것

사람을 찾다가
가끔은 나를 잃어버린 적 있다

아는 노래를 부르다가 가사를 까먹은 것처럼
사람들 속에서 내가 보이지 않고
나팔꽃 더듬이처럼
허공을 저어 세상을 볼 때 있다

강이 아니라도 건너지 못하는 것 많다

봄은 누가 데려가는 것일까
걸음보다 꽃이 앞서고
꽃보다 가을 귀뚜라미가 먼저 왔다
아름다운 마음 하나 담을
찻잔 준비하지 못하고,
눈주름 잡힌 나이 되어
앞선 시인이 놓고 간
시 한 줄 줍고 있다

호박 껍질을 벗기며

늙은 호박 껍질을 벗기다가
구름과 별과 은하수의 수액이 꽉 찬
바람의 알을 보았다

가로에 길들인 줄기 더듬이와
수직에 익숙한 빗줄기 사이에서
숨겨 잉태한
눈 부신 햇살 하나
둥지 속에 감추고 키웠을 것이다

햇빛 한 줌
천둥소리 한 움큼
젖동냥으로 뼈와 살을 키우고
바람 기웃거리며 만질 때마다
속살 야무지게 단속했을 것이다

돌담 위에 업어 키운
바람의 알,
얼마쯤 눈물 삼키면
햇살의 체온이 이렇게 여물 수 있을까

만추晩秋

슬픔으로야
낙타 눈빛에다 비하랴
고독이야
어둠 안고 저 혼자 개벽하는
새벽하늘에다 비하랴
길에 머물지 못하는 바람처럼
이별의 발걸음을 서두르는 계절
머리 하얀 억새풀 위로
저녁 어스름 내릴 때
옷깃을 세우고
비로소
살아온 날들 헤아려 본다

사막 끝에 보이는 아스라한 불빛이
사랑이고
길 위에 남은 풀 한 포기가
이웃이며,
물 한 모금이 모두 내게 은총이었구나

제야除夜에

저녁노을 찢고
한 떼의 새들도 집으로 돌아갔다

나는 너무 어두워
바람 위에 그어놓은 길을
찾을 수 없어서
잠시 당황했다

'있는' 것을 찾아 황망했던 흔적과
익숙하지 못할 미래의 '낯선' 것이
교차하는 경계선에서
시계 초침이
돌아올 미래를 계산하고 있다

'없는' 것만 남은 한 해의 끝
익숙할 리 없는 어둠을 부축하여
호흡을 가다듬고

셋

,

둘

,

하나

,

제로

남은 미래를 카운트다운한다

입춘방立春榜

이마 맞대고 비슷 서 있는 종이 두 장
고향 빈집 지키고 있다
언제 적부터 수문장을 자임했는지는 기억에 없다
낡은 대문 틈 사이로
꼬리 세운 길고양이 아무 일 없이 드나드는 걸 보면
수문장의 위엄은커녕
암묵적 방치가 오래인 듯하다

재앙은 가고
모든 복은 오라며
마디 굵은 붓으로 써서
대문 앞을 가로막았던
님은 가고 없다
앙가슴 쳐대는 폭풍우 협박에도
눈보라 화살처럼 퍼붓는 동장군에도
한 발짝 물러나지 않던 결기
위태로워진 지 오래다

낡은 수문장 옷 끝자락이
문풍지처럼
바람에 팔락인다

국화차를 마시며

밥보다
소중한 것이 사랑이라고
노래를 부릅니다
아마
마른 감국 꽃에도
영혼이 살고 있었는지
말간 찻잔에서
노래를 부르며 나옵니다

해 짧은 가을
혈색 좋은 비탈 언덕에
노란 저고리 널어놓은 듯
감국 꽃이 물듭니다
꽃물에 흠뻑 젖어
사랑가를 부릅니다

만약에,
이 풀꽃에 영혼이 없었다면

밥보다 소중한 사랑인들
이토록 뜨거운 몸으로
태어날 수 있겠어요?

봉수씨의 경우

마흔 넘어 둔
고명딸 혼삿날 잡은
봉수씨와 술 한잔하던 날,
별일 읎것지
메르스만이야 하것나?

1년이 지나고
또 1년이 지났다
사람 일 모르는겨
뵈지도 않는 하찮은 것 땜에
혼사 날 몇 번 잡을 줄
누가 알았것나?

세상일에 철없는 꽃들,
저 혼자
세 번이나 피고 졌다

소주 마시며

30년 말직 공무원 끝내고
막내아들 혼사 치른 운상씨와
소주 한잔하던 날
그는 연신
입김 끝에 '카~' 하면서
잔을 내려놓았다

다시 어느 날
할만한 일이 없다며
소주를 한잔 목에 넘길 때마다
그는 '크~' 하면서
잔을 내려놓았다

나는 겉으로
아무 소리 내지 않고
술잔을 비웠으나
속으로는 큰 소리로
'크~' 하면서 잔을 놓았다

신춘新春

사실,
꽃이 필 때 아픔을
나는 알지 못한다
줄에 갓 널린 빨래처럼
축축한 성장통일 거라고 생각했다

사각 봉지에 갇혔다가
퇴화한 기억을 붙들고
꽃씨는
겹겹이 접힌 숫자를 벗기며
해산 날을 준비했을 것이다
이방異邦의 하늘과 바다 건너
누군가의 첫날이 될
새로운 설렘으로
산통을 견뎠을 것이다

마른 대지 위에
꿈을 하나씩 묻어놓고
새 봄날

세상을 다시 기억하려 꽃씨는 일어서는 거다
새봄을
꿈꾸는 거다

제초를 하다가

가을이 숯불처럼 타오를 기세다
마당을 서성이며
아직 산을 넘지 못하는
푸른 날의 패잔병들
제거하다가
기습의 칼날에 베이고 말았다
빨간 피를 보고서야
성성했던 지난여름의 위력을 기억한다

곳곳에 떨어진 별똥별을 주우며
치열했던 지난밤
별들의 사랑과
바람의 시샘을 눈치채듯
남은 전사들을 물리치면서
그 기세등등했던 푸름을 짐작한다

이제 수복收復을 앞에 둔 가을,
전사들의 날카로운 전의戰意는 꺾었으나
사루비아 빨강 앞에 멈추어
내 무릎은 꺾였다

나이가 든다는 것은

말하지 않아도
살다 보면 몸으로 알게 되는 것 있다
눈을 감고도
내 속내를 알아채는 아내처럼
보여주지 않아도
뜨거워지면
다 보이기 때문이다

먼 길 달려오는 봄은
꽃이 필 것을 미리 알고 있다
바람이 눈물을 품고 사는 것은
꽃 진 자리
아물지 않은 상처의 깊이를 알기 때문이다
종소리도 하늘에 난 길을 따라
돌아가고
물고기도 제집에 찾아와 눕는다
살다 보면
몸으로 안다는 것
나이가 든다는 것

월정사 9층 탑

월정사 저녁 종소리
전나무 숲 따라
산문 밖으로 내려오면
오대산 초저녁 달
구름 한 짐 바랑 메고
만행을 떠난다

큰 법당 앞마당
탑 그림자 서성이듯
객사에 누운 번뇌
잠 못 들고 뒤척이는데,
어느새
탑 끝에
동천의 여명 번져온다

나 이제
탑 아래에 달그림자 묻고
그리운 사람 하나
기다리는 일상을
그만 그치려 하네

세모歲暮에

마른 가로수들은
내 이십 대처럼
거리를 방황하고 있다

삼백예순다섯 날
잊고 있던 이름들
구세군 방울 소리에 깨어
잿빛 하늘 위
무리 지어 분분히 날았다
못내 귀가하지 못하고
서성이던 그리움
바퀴처럼 뒤따라와서
무겁게 숫자를 보탠다
저만치
성큼 달아나던 한해의 끝이
우편함에 꽂혀 있다

'근하신년謹賀新年'

세모歲暮에 2

시작이야 있었겠지만
늘
채워지지 않는 끝,
파한 술자리에 뒹구는
빈 소주병처럼
정돈되지 않는 그믐밤

울에 갇힌 숫염소 마냥
덧없이
허공에 뿔질해 대다가
제풀에 주저앉은
오만한 세월이여

가라
신새벽 취기도
어스레한 가로등 불빛도
휘청거리며 찍어 놓은
저 어지러운 발자국도
쥐뿔도 없는 오기도

이 밤 새거든
가라

모두
가라

날뫼*에 피는 꽃

오늘
우리 모두 날아서 하늘에 별이 되자
구름재 지나 날뫼 동산에 올라
할미꽃 도라지꽃 원추리꽃 되자
그 꽃자리마다 청사초롱 밝혀두고
그리운 사람 마중가자
우리에게 있었던 맨 처음 언어는
분명 '꽃'이었으리라
그리운 사람 마중 가는 길에
오색 만 등 밝힌 들꽃이었으리라

들꽃 같은 영혼들
옹기종기 모여 사는 날뫼마을에
천상의 별들 내려와
꽃으로 피었다
오월 장미인들
이 들꽃들보다 더 아름다우랴
시월 국화 향인들
이 풀꽃들보다 더 향기 나랴

우리 모두 날아서 하늘에 별이 되자
그리운 사람 마중 가는 길에 꽃이 되자

*안양 비산동飛山洞의 옛 이름
 비산동 운곡공원 입구에 시비가 있다.

바라나시

갠지스강물은
태양의 그늘로 붉게 충혈되었다
야윈 바라나시의 저녁이
비늘처럼 떨며
물 위에 떠내려간다

죽은 자의 영혼이
산 자의 일용할 양식을 만들어 주는
가트*화장장에는
시신 태울 장작을 저울로 달아 판다
돈 액수만큼 타다남은
뼈 한 조각을 물고
털 빠진 개가
그늘 짙은 골목으로 사라진다

삶이란
아침에 왔다가
저녁이면 강물에 떠내려가는 것
전설 이전의 전설

아침이면 일어나 범람하고
가난한 생명들의 고단한 하루
시바의 품에 눕는다

    * 가트ghat: 갠지스강가에 조성해 놓은 계단이나 둔덕.

보드가야 보리수

바람이 흔든 나무에서
바닥에 떨어진 말씀 한 닢 주워들었다
'나무는 무엇을 버리고 나는 무엇을 얻은 것인가'
이천오백 년 전
가부좌 틀고 앉았던 청년의
화두를 들고
나는 오체투지로 엎드렸다
여명으로 향한 문은 어디인가
전깃불 환히 밝히고
향 피운 연기 자욱한 나무 아래
칭장 열차를 타고 설산을 넘어 온
살찐 중생들 늘어섰다
나무는
연신 무슨 말씀을 쏟아내고 있지만
제 등불만 밝히려는
그들에게는
한갓 그늘에 지나지 않았다

나뭇잎은 안팎으로
무슨 말씀처럼
바람에 뒤집히고만 있었다

국화도*

쓰다 남은 마지막 썰물로
저녁 세수하는 토끼섬은
토끼가 살지 않는다
어린 누이 뒤꿈치 닮은
예쁜 조약돌들이 산다
등댓불 잠들지 못하는 해변
입술 뜨거운 해당화 곁에 누워
밀물 썰물 밀당한다

바다를 안고 달려 온
하얀 포말들
초원의 거친 말굽 소리로
포구의 아침을 깨운다
짧은 해는 섬을 안고
온종일 바다를 떠다니다가
저녁노을 출렁일 때에야
비로소 포구에 몸을 푼다

젖은 밧줄 목에 묶고

비장하게 누운 고깃배들
오늘 밤 꿈속에선
포만한 그물 들어 올릴 것이다

*당진 앞바다에 있는 작은 섬. 일명 토끼섬이라고도 한다.`

일몰日沒 앞에서

물 위에 눕는
지친해 바라보며
숨고 싶었던 날들
찬찬히 세본다

웃고 있어도
눈물 날 때 있다
죽음 앞에서도 교만해야 하는
저 붉디붉은 외로움 보며
얼음송곳에 찔린 상처처럼
물증도 없이 흔적만 남은
시린 날들
되돌아오기 때문이다

누군들
빠지지 않는 대못 하나쯤
가슴에 박고 살지 않는 사람 있으랴
묵은 상처 핥으며
지나온 날 세보지 않은 사람 있으랴

서해 마량 앞바다
그믐 해 지고 있을 때
눈자위 붉어 보지 않은 사람 있으랴

축제

마른 멸치처럼 허리 굽은
아흔 살 마을 어른이 떠났다
물수제비 뜨듯
쉼 없이 물 위를 달려온 곤한 삶이
이제야 땅에 닿았다
향내 자욱한 조등 아래 초대된
영정사진만이 초로初老인 채
국화 더미 속에서 걸어 나와
손님을 맞는다

완주한 생의 승자를 태운
꽃상여가 간다
어~허이 어~하,
소리꾼은 축복의 노래를 부르고
상여꾼은 헹가래를 치며
꽃상여 하늘로 향한다

등짐을 내려놓고
편히 수평으로 누운 육신

이제는 아침이 오지 않아도 두려울 것 없다
평생 흙에서
직립이기를 거부하며 살아온 일생을
꽃씨 심듯 흙 속에 고이 심는다

축제는 끝나지 않았다
봄이 되면 파릇이 돋아나올
새로운 시작을 위하여
부활의 축제를 위하여
삼가 꽃을 바친다

사르나트에서

혜초가 맨발로 가던 길
나는 릭샤*를 타고 가고
릭샤 꾼은 땀을 메고 간다
지열地熱 아지랑이 어지러운 한낮
혜초가 찾은 것은 무엇인가
라멕스투파** 탑신이 서 있는 자리
바람이 안내한 구불구불한 길
지도 위에 점하나 표시해 두고
나는 선글라스 끼고 사진 찍었다
새가 앉아 있던 빈자리가
외로워질 무렵

* 인도 등지에서 인력을 이용하는 교통수단, 인력거
** 부처가 깨달은 후 처음 설법한 자리에 세워진 탑

어머니의 꽃밭

움므니의 꽃달

어머니의 꽃밭

어머니는 날마다 꽃씨를 고르며
천장에 꽃밭을 만드셨다

봄을 준비하는 고로쇠나무처럼
비닐 호스의 수액이 줄고 느는 동안
장방형 철제 침상 옆에는
이름 모를 각종 꽃씨 봉투가 어머니와 놀았다

아흔을 바라보는 생 가운데
가벼운 것 어느 하나 없었겠지만
등에 업은 이 침상의 무게만 했으랴

꽃씨 살 돈 봉투
머리맡에 놓고 가는
막내딸 뒷모습 보며
어머니는
꽃씨 뿌릴
환한 봄을 기다리신다

어머니

마른 목피에 꽂은 수관이
파르르 떤다
침상 위에 매단 고로쇠 주머니에
남은 수액 몇 방울,
어머니의 겨울이 깊어 간다

트랜지스터 라디오의
화사한 봄날이 가듯
아쉬울 게 없어진 소리
선반에서 고장 난 지 오래다

나뭇등걸처럼 거친 손등에
비닐 호스를 꽂고 누워
웃자란 풀처럼
미풍에도 허리 꺾이는 자식들
아직 포란하고 계시다

어머니

단것만 입에 넣을 줄 알아
쓴소리 한마디도
목에 넘기지 못하는 자식,
쓴 것만 평생 담고 살아
단맛조차 알지 못하는
어머니

호미와 한 몸 되어
텃밭에 앉으면
냉이처럼
일어설 줄 모르던
어머니

그 짐
언제 다 내려놓고
가시렵니까

어머니

빈한한 밥상 앞에 놓고
자식 입에 넣으려고
당신 입에 넣지 못했던 음식
지천으로 흔한 이제는
몸이 따르지 못해
입에 넣지 못하고 바라만 보신다

선 채로
평생을 사는 나무처럼
누워본 적 없는 어머니
풍화에 삭아 쓰러진 뒤에야
철제 침상 위에 누웠다
삭아서
바람 숭숭 뚫린 나무는
눕는 것이 낯설었는지
자꾸만
먼 하늘 가리킨다

이별

남은 것 다 내려놓고
떠나신 길에
마저 지우지 못한 것들
표지석 눌러 함께 묻고
돌아섰습니다
저녁이면 산 그림자 업고
마을로 내려오는
그리움
뒷걸음질로도 달아날 수 없는
천형天刑입니다

하늘과 땅 나뉘어도
같이 있듯이
본디 한 몸에서 나눈
어머니와 나
이별이 이별이 아니듯
어느 때
어느 곳에선가
다시 만날 것을 압니다

어머니 49재일

오늘 어머니 떠나실 길인가 하고
새들이 날아간 하늘을 봅니다

일없는 실구름 길게 누워있고
더러는
산 벚꽃잎 몇 점 흩어질 뿐,
어머니 마지막 길 걱정하는 마음을 아는지 모르는지
사월 하늘은 눈부십니다

명부전 촛불 곁에서
무심하게 웃고 계신 어머니 영정 앞에
하늘하늘 떨고 있는 향 연기처럼
내 마음도 흔들립니다

절 마당 화단에 가득 핀
철쭉꽃 더미처럼
빨간 한恨을 담고 사신
어머니의 여든일곱 해

재를 마치는 쇠 북소리에
어머니는 그 여한 비로소 내려놓았으나
나는 이제야 가슴에 파고듭니다

제비꽃

어머니 무덤 위에
보라색 머리핀 하나
필까 말까
햇살 동냥이 수줍다

오고 가는 길도 모른 채
보라색 가마에 실려
스무 살에 시집왔던
꽃 한 포기
봄 산을 붙들고 있다

산소山所에서

노루목 오르막길 잔솔 사이
막돌 하나 같이 베고
아늑아늑 잠 속에 든
아버지 어머니

구절초군락을 흔드는 바람
몰려와 손잡아 세우려 해도
마음 아직 허허로운지
표지석 끌어안고
두 분 다
꿈쩍없다

과꽃

비바람
역병처럼 창궐할 때도
꽃눈 감지 않고
화단 한켠에 매복했던
가을이다

빈 거미줄
아무렇게나 늙어가는
시골 옛집 문설주와
화장기 없는
낡은 풍경 사이,
반쯤 무너진 담장을 기억하게 하는
허름한 가을이다

보랏빛으로 해 질 무렵
나의 귀가를 기다리던
어머니의 간절한
가을이다

낮달

동천東天에
마른 꽃잎 하나 붙어 있다
지다 남은 4월인가

우표 붙여
여름으로 보낸 봉함엽서,
바람의 유혹에
길을 잃었다
건달 같은 바람이
후리고 간 4월
허공에 매달려
낮잠 자고 있다.

저녁 무렵

서랍 정리하다가
어머니 묵은 편지 보았다
몽당연필 침 발라
꾹꾹 눌러 사경寫經하시던
그 글씨로 쓰신 편지
'아덜 보아라'

집 건너
예배당 종탑그림자
노을에 매달려
긴 그림자 밟고 서 있을 때까지
나는 어머니를 찾고 있었다

일용할 양식을 핑계로
독경讀經을 외면했던
예민한 기억과
샤콘느의 현에 기대어
도시의 그늘에 숨었던
모월某月 모일某日의

저녁 무렵도 떠 올랐다

'어머니, 가을이 오는 줄 몰랐어요'
봄만 알던
낭자한 발자국
다 줍지 못한 채
아직도
어머니의 묵은 편지 읽고 있다

봄길

무엇이 그리 급하기에
뒤도 돌아보지 않고
맨발로 이 길을 달려가셨습니까
노랗디노란 붉디붉은
저 농염한 치마폭에 취해
낮 가는 줄 밤새는 줄 모르고
아직도 노루목 언덕에
삼십 년 달 뜨도록 누워계신
아버지

봄날

산에 들에
경국지색 스무 살 꽃들,
홍등 켜고 우르르 몰려나와
도톰한 입술 봉긋거리며 미혹한다

아— 사는 일 내팽개치고
연애 한번 하고 싶다

은행나무

고향 옛집 흙담장 너머
비와 천둥과 바람 움켜쥐고
젖은 하늘 비질하던 나무

모둠발하고 별자리 찾던
그대 향한
뜨거운 가슴은
어느 별자리인가

비질에 쓸린
가루별 낭자한 뜰에
차가운 비 내리고

그대 곁 별이 되지 못한
나무,
가을과 함께 늙어 간다

본향本鄕에서

할아버지는 여기 나무를 심으면서
무슨 생각을 하셨을까
아버지는 이 나무에 물을 주면서
무슨 생각 하셨을까
그 나무 그늘에 앉아 있는 나는
부끄럽다

김운기 다섯 번째 시집

바람의 알

2023년 12월 25일 초판 1쇄 발행
2025년 1월 10일 초판 2쇄 발행

지은이 / 김운기
펴낸이 / 김영환
펴낸곳 / 도서출판 다운샘

주 소 / 05661 서울특별시 송파구 중대로27길 1
전 화 / 02) 449-9172~3
팩 스 / 02) 431-4151
E-mail / dusbook@naver.com
등록 제1993 - 000028호

ISBN 978-89-5817-538-4 03810
값 11,000원

ⓒ 2023, 김운기